CONSEILS D'UN AMI

AUX

RÉPUBLICAINS

PAR

AGRICOL PERDIGUIER

Ancien Représentant du Peuple

Prix : 30 centimes

PARIS

CHEZ L'AUTEUR, RUE TRAVERSIÈRE, 38

FAUBOURG SAINT-ANTOINE

—

1873

CONSEILS D'UN AMI

AUX

RÉPUBLICAINS

PAR

AGRICOL PERDIGUIER

Ancien Représentant du Peuple

PARIS

CHEZ L'AUTEUR, RUE TRAVERSIÈRE, 38

FAUBOURG SAINT-ANTOINE

1873

CONSEILS D'UN AMI AUX RÉPUBLICAINS

UN MOT DE PRÉFACE

Ce sont des lettres, des lettres politiques, bien entendu. C'est dans la correspondance que je m'épanche avec mes nombreux amis répandus sur tous les points de la France, que j'émets mes idées, que j'exprime mes sentiments, que je combats ce qui me paraît dangereux pour notre avenir, que je propose ce que je crois bon, ce que je crois juste ; que j'indique la marche à suivre ainsi que je la comprends, et cela en toute franchise, en toute loyauté, sans rien déguiser de ma pensée, au risque même de ne plaire qu'à demi, et peut-être pas du tout. C'est ainsi que j'ai toujours procédé, dans le compagnonnage, dans les groupes politiques et autres, et ce n'est pas à mon âge que l'on peut se refaire.

Il y a les courtisans des rois, il y a les courtisans du peuple, je resterai l'homme de la vérité.

Le 12 octobre 1871, j'adressai à **M. Thiers**

une lettre d'encouragement, dans laquelle je l'exhortais à travailler pour nous, à nous laisser une belle et bonne République, lettre qui fut accueillie favorablement et qu'on lira ci-après.

Mon ami le docteur Vigne, de Langlade, ayant lu cette lettre dans le *Gard Républicain*, n'approuva pas ma démarche, mes paroles, et me l'écrivit. Je lui répondis en toute hâte par deux lettres, l'une du 17, l'autre du 18 novembre 1871. Mon intention était de l'amener à mes idées, dans la voie que je crois la meilleure. Ai-je réussi? C'est plus que douteux. De mon côté, je reste ferme dans ma théorie, dans mes principes de paix entre frères, et je redouble d'efforts pour faire triompher le bon sens, la raison, la sagesse, la marche loyale et douce que je crois seule capable de nous sauver.

Ces quelques lettres je les donne ici sous le titre de : *Conseils d'un ami aux Républicains*, et j'espère bien que ceux auxquels je m'adresse particulièrement, et d'autres encore, les accueilleront avec sympathie.

Paris, ce 20 novembre 1872.

Agricol PERDIGUIER.

CONSEILS D'UN AMI

AUX RÉPUBLICAINS

Lettre à M. THIERS, Président de la République.

Paris, 12 octobre 1871.

Monsieur le Président,

Je vous adresse deux brochures : *Comment constituer la République ; Patriotisme et Modération.* Dans la première, dont le titre dit le sujet, je ne suis pas sans attaquer le communisme, le proudhonisme, les tendances violentes et matérialistes, les prétentions parfois exagérées de mes frères les travailleurs ; je prêche l'ordre, la modération et je repousse, autant que je le puis, les troubles que j'entrevois dans un avenir trop prochain. (Cette brochure a paru avant nos tristes déchirements.) En terminant, je déclare, page 55, bien que l'Assemblée de Bordeaux fût à peine constituée, que j'espère beaucoup en M. Thiers, et cette espérance ne sera certainement pas déçue.

La seconde est un appel au patriotisme, au bon sens populaire, une attaque au Comité central, à la Commune, à son manifeste, à toutes nos illusions, à toutes nos folies, à tous nos travers pour ne pas dire plus, et cela dans le temps même où il y avait un péril extrême à crier la vérité.

Oui, monsieur, j'ai cru en vous, et cette confiance reste entière ; mais que de gens sans foi, sans vertu, découragent, troublent les populations au lieu de leur montrer le devoir à accomplir et le salut de tous comme notre récompense... Mais, courage, monsieur ! tenez bon... justice vous sera rendue.

Relevez notre administration, notre armée, notre économie, notre enseignement, notre moral, notre honnêteté, notre espérance, notre grandeur... Laissez à la France une belle, une bonne République, au monde un magnifique exemple, et votre nom sera béni des générations futures.

C'est convenu, les monarchistes les plus ardents même le concèdent, nous faisons, nous devons faire l'essai de la République ; mais cet essai serait-il loyal, serait-il concluant s'il ne se faisait qu'avec des royalistes dans les administrations, dans les hauts emplois ? Nullement. Il faut donc y appeler des républicains, et à tout le moins des hommes qui marchent avec droiture, et point hostiles au gouvernement de tous et par tous. Il est du devoir de l'Assemblée nationale de vous laisser à cet égard toute liberté d'action , faute de quoi ce serait une épreuve sans sincérité, sans valeur par conséquent, ce qui ne nous amènerait que des troubles au lieu de nous donner le calme, le travail, la sécurité.

J'ai combattu la Commune par écrit, par parole ; j'ai poussé jusqu'à lui refuser toute obéissance, tant le despotisme et l'orgie m'indignent et me révoltent.

Le 21 mai, le soir, à la barrière du Trône, je refusai de poser un pavé à la barricade jetée entre les deux colonnes. Un second, puis un troisième commandements me furent faits ; je refusai de rechef avec résolution, en ajoutant : Je suis un tel, faites de moi ce que vous voudrez. Un garde national d'un certain âge, sans armes, me priait presque de poser le pavé. Je n'en voulus rien fair-. On me laissa passer néanmoins, et le factionnaire, que je voudrais connaître pour vous le recommander s'il est compromis, me serra fortement la main, en dissimulant toutefois, autant que pos-ible, son action en présence de ses camarades.

Plus d'un homme sensé a blâmé mon opposition, qu'on a taxé d'imprudence et presque de folie. Soit ! mais si tous les citoyens avaient le courage de ces imprudences-là, nous ne serions jamais écrasés par la tyrannie, et nous aurions sur la terre la liberté et la félicité.

Vous le voyez, je n'ai point rampé, et j'ose m'en vanter. — Dans quel but ? — D'une récompense.— Et laquelle ? — Je vais vous le dire : C'est que, malgré vos immenses travaux, vos soucis, vos tourments, vos préoccupations de toutes les natures, vous trouviez un instant pour parcourir quelques lignes de mes brochures, c'est que vous fassiez tout ce qui dépendra de vous pour nous laisser une belle et bonne République, c'est que vous soyez doux, bienveillant pour une foule d'égarés, qu'on avait trompés, irrités, et qui croyaient servir la République alors qu'ils la meurtrissaient de la façon la plus horrible. Il y avait de l'aveuglement, de la folie, croyez-le bien. Et puis, beaucoup ont marché de force ; il y a aussi les innocents, victimes de basses et lâches dénonciations. Gardez les grands coupables, ouvrez les portes à tout le reste... Rendez ces hommes à la liberté. au travail qui les réclame, à leurs enfants, à leurs femmes, à leurs proches, et les cœurs battront d'allégresse, et tous les siècles vous féliciteront.

Voilà, monsieur le président, la récompense que j'ose demander. Elle sera magnifique et vous m'aurez comblé de joie.

Recevez, monsieur le président, l'assurance de mon estime et de toute ma considération.

Agricol PERDIGUIER.

Rue Traversière, 38.

A M. *Agricol PERDIGUIER*

Versailles, 14 octobre 1871.

Monsieur,

J'ai mis sous les yeux de M. le président de la République votre lettre d'avant-hier, avec les deux brochures que vous avez bien voulu y joindre. M. le président vous remercie, et il me charge de vous dire qu'il est très-touché des sentiments que vous exprimez à son égard. Vous avez bien raison de recommander la modération ; et nous ne pouvons que joindre nos vœux aux vôtres pour que vos conseils si sages soient entendus.

Agréez, monsieur, mes salutations cordiales.

B. SAINT-HILAIRE.

Député.

Je tiens à donner ici, comme note, ma scène de la barrière du Trône.

Le 21 mai, le jour de l'entrée de nos soldats dans Paris, j'allais à la porte de Vincennes, boulevart Soult. Entre les deux colonnes du Trône se trouvait une barricade. Un homme, très-bien mis, marchait devant moi. Il y avait là un poste, et le factionnaire lui dit : Citoyen, emplissez un sac de terre ; ce que ce monsieur exécuta de très-bonne grâce. J'arrive ; on ne me dit rien ; je passe. Un peu plus loin, à la station des omnibus, il y avait un piquet, un factionnaire au milieu de la chaussée ; il m'arrête et me dit en me montrant la barricade : Citoyen, allez poser un pavé. — Quoi ! que je recule de cent pas pour cela ! Je suis pressé, laissez-moi poursuivre mon chemin. — Non, allez poser un pavé. — Et si je refuse, est-ce qu'il y a cas de prison ? Le factionnaire réfléchit, puis il répond mollement : Oh ! non. — Eh bien ! je reprends, laissez-moi m'en aller. Le factionnaire s'obstine à vouloir que j'aille poser le pavé. Je lui réponds : Eh bien ! non, je n'en ferai rien, je ne le veux pas, je refuse positivement. Arrêtez-moi si vous voulez ; je suis un tel. Le factionnaire me dit : Je vous connais bien ; vous demeurez rue Traversière. — Puisque vous me connaissez, je lui réponds, vous savez que je suis un citoyen, un républicain, que je l'ai été toute ma vie, pourquoi vouloir me faire retourner sur mes pas ?

Un autre garde national, âgé d'une cinquantaine d'années, sans armes, mais du poste voisin, là, présent, me dit, presque sur le ton de la prière : Eh ! citoyen ! allez donc poser un pavé !... Je réponds que je n'en ferai rien ; et j'ajoute : Je suis à votre disposition ; faites de moi ce que vous voudrez.

Le factionnaire me dit alors que, me connaissant, il avait voulu me prouver qu'il obéissait à sa consigne et qu'il faisait bien son devoir. Je lui réponds : Respectez la liberté. Le factionnaire me prit alors la main, me la serra fortement et me dit : Passez, citoyen.

Si ce jeune homme, qui s'exposa peut-être en me montrant de la sympathie, se trouvait dans un mauvais cas, que je serais heureux de pouvoir lui prouver ma reconnaissance. J'en dis autant pour le vieux garde national. Des brutaux à leur place, comme il y en avait tant, et j'étais perdu. Je n'aurais pas demandé grâce dans la situation où je me trouvais ; mais aujourd'hui, je les remercie de tout mon cœur.

Lettre au DIRECTEUR du National.

Paris, 27 décembre 1871.

Mon cher monsieur Rousset,

J'entends chaque jour les paroles les plus désolées et les plus désolantes ; des doutes, des colères partout ; des accusations sans fondements, un sentimentalisme ridicule et faux, même en faveur des plus audacieux criminels ; on voit partout notre perte, partout notre ruine, partout la mort de la République, et ce sont ceux qui devraient le plus affermir les autres qui montrent le moins de foi, qui répandent le plus la panique, qui meurtrissent le plus la République au lieu de travailler le plus à lui donner la vie et la vigueur dont elle a besoin. Où sont donc les hommes d'intelligence et les grands républicains ?

M. Vigne, médecin à Langlade, écho d'une foule d'hommes, m'exprime ses pensées ; il me blâme de ma lettre à M. Thiers. J'ai répondu ; je donne mes raisons ; je veux calmer, éclairer, fortifier, et cette réponse, je vous l'adresse, car ce que j'adresse à M. Vigne peut être lu utilement par d'autres. Voyez s'il vous est possible de la publier...

Je vous serre la main.

Agricol **PERDIGUIER**.

(La lettre que voilà, comme la suivante, ont paru dans le *National* du 8 janvier 1872)

Lettre à M. VIGNE, médecin à Langlade (Gard).

Paris, 17 novembre 1871.

Mon brave ami Vigne,

Je vous envoie les deux brochures que vous me
demandez dans la lettre que je viens de recevoir;
lisez-les attentivement.

Comme fond, je suis démocrate, je veux instituer
la République démocratique; et, pour réussir, je
n'use point de rigueur. Mon rôle n'est nullement de
prêcher les convertis ou de leur chauffer la tête,
mais je tente, par des paroles douces, qui sortent de
mon cœur, d'attirer ceux qui ne le sont pas, pour
fortifier nos rangs, nous donner la majorité, et faire
triompher notre cause par des votes successifs et
bien soutenus.

Fonder un despotisme, rendre un peuple stupide,
le gouverner comme on gouverne un troupeau, avec
les verges, avec le bâton, avec des vilains chiens
qui le mordent et le ruinent, le maintenir en cet état
des siècles et des siècles, rien de plus facile, et ce
qui le prouve, c'est que dans le monde entier et dans
tous les temps, on ne voit que cela debout ou se traî-
nant; à peine çà et là quelques républiques. Oui,
voilà la Suisse! les Etats-Unis! les gouvernements
de l'Amérique du Sud méritent un léger regard,
tout le reste est monarchie; partout des rois, des
empereurs, des tyrans, absence de vrais citoyens, et
le monde est bien vieux!

Pourquoi en est-il ainsi?

C'est que pour fonder des républiques, pour les
maintenir, pour les faire durer, pour les faire pros-
pérer, il faut de l'intelligence, de la vertu, de l'âme,
du cœur, de la grandeur véritable, et que tout cela
manque trop souvent parmi les hommes. Sans ce

manque de qualités réelles, comment expliquer nos
insuccès et l'absence dans presque tous les pays du
monde du gouvernement que nous aimons et qui devrait faire le bonheur du peuple ?

Enfin, chez nous, notre république de 1792 a
croulé, celle de 1848 a croulé, et si nous ne sommes
pas sages, oui, sages, et pour moi ce mot dit tout,
celle-ci aura le même sort, et la France en subira
d'horribles souffrances.

Vous me dites que je fais un éloge pompeux de
M. Thiers, je ne sais où vous trouvez rien de semblable. Pour faire l'éloge de quelqu'un, il faudrait
rappeler son passé, l'orner, le colorer, l'embellir, le
poétiser; j'ai beau me relire, je ne trouve rien de
semblable dans tout ce quej'ai écrit jusqu'à ce jour.

Je lui dis : je crois en vous, j'espère en vous :
« Relevez notre administration, notre armée, notre
» économie, notre enseignement, notre moral, notre
» honnêteté, notre espérance, notre grandeur, laissez
» à la France une belle. une bonne République, au
» monde un magnifique exemple, et votre nom sera
» béni des générations futures. »

Je lui dis aussi d'être doux, bienveillant pour une
foule d'égarés, d'ouvrir les portes des prisons, de
rendre les captifs à la liberté, et qu'alors les cœurs
battront d'allégresse et qu'il m'aura comblé de joie.

Quoi de mauvais, de blâmable en tout cela ? Est-
ce là faire l'éloge pompeux de celui à qui je m'a-
dresse ? Quoi ! il ne sera plus permis de demander
de bonnes choses pour notre chère nation, justice et
même faveur pour des malheureux sans passer pour
un courtisan ?

Soit ! courtisan de cette façon, je veux l'être toujours, et toujours je serai poli, même encourageant,
lorsque je tenterai d'attirer des libertés et du bien-
être sur la masse de mes concitoyens. Que voulez-
vous ! je n'aime pas les colères intempestives, et je
crois que les paroles douces ont beaucoup plus d'ef-
ficacité. Laissez-moi agir selon ma nature.

MM. Lamennais, Lamartine, Victor Hugo, de lé-
gitimistes qu'ils étaient sont devenus républicains;
Châteaubriand lui-même, dans ses vieux jours,

penchait de notre côté ; avant notre révolution de 1848, il n'y avait pas en France six républicains par village. Depuis, quel changement ! que de conversions ! Les foules se dépouillent peu à peu de leurs vieilles idées et viennent grossir nos rangs. Que faut-il faire ? S'en réjouir.

Pourquoi M. Thiers, qui a vu tomber Charles X, Louis-Philippe, Napoléon III, qui voit la France malade, dans la plus horrible situation, trois prétendants, trois dynasties en présence, tous voulant régner, gouverner, et tous n'étant capables que de nous diviser, que d'achever notre ruine, pourquoi ne lui serait-il pas permis, tout aussi bien qu'à d'autres, de venir à nous, et de prendre en main le drapeau de la République, le seul qui puisse nous sauver ? S'il n'est pas républicain par vieille conviction, qu'il le soit par bon sens, par raison, par patriotisme, qu'il nous fasse du bien, et cela me suffit.

L'ayant pour ennemi, quel mal en serait la conséquence ! Mais, l'ayant pour ami, que d'hommes il entraine de notre côté ! et combien nos élections s'en ressentent et s'en ressentiront !

Examinons la situation actuelle, voyons l'action du peuple et ayons le courage, quoiqu'on en puisse penser, de dire toute la vérité.

Vingt ans d'empire nous avaient écrasés. En haut comme en bas, tout avait dégénéré. Plus d'étude sérieuse nulle part. Nous n'étions plus que l'ombre de nous-mêmes. Fatale guerre ! Epouvantable résultat ! en février 1871, nous étions vaincus.

Il fut question d'arriver à un traité de paix. Voilà le peuple convoqué pour élire des représentants ; voilà les candidats qui se manifestent, chacun briguant l'honneur de le servir. Que proposent donc ces candidats ? les uns la paix, les autres la guerre, la guerre à outrance. Le peuple recueilli eût à choisir entre ces deux extrêmes. Les ardents étaient les républicains.

Que l'on ne perde pas ceci de vue : notre vieille armée était prisonnière en Allemagne ; nos villes de guerre, nos places fortes étaient prises ; notre armée de la Loire était repoussée jusqu'au fond de la Bretagne, celle du Nord jusqu'au bord de la mer, celle de l'Est rejetée dans la Suisse, les forts de Paris étaient possédés par nos ennemis, et nous manquions de vivres. En telle situation était-il possible de lutter encore, était-il concevable de livrer à la famine et à la mort deux millions d'habitants, sans compter les désastres généraux qui devaient suivre? Le peuple ne le pensa pas. Il ne crut plus la guerre possible. Avait-il tort? avait-il raison? Que chacun sonde le fond de sa conscience et réponde avec sincérité, sans tergiversations d'aucune sorte.

Il vota donc pour ceux qui voulaient la paix, il les élut ; c'étaient les royalistes. Ceux-ci se trouvèrent donc en grande majorité à l'Assemblée de Bordeaux.

Mais ces royalistes ne touchèrent pas au suffrage universel, nommèrent un président du pouvoir exécutif de la République française, firent ou adoptèrent une bonne loi électorale, une bonne loi sur la presse ; des lois de décentralisation devaient venir ensuite... Jusque-là, je ne vois rien de mal. Je passe sur des cris, des incidents, des excentricités, des scènes ridicules. A lui, le peuple, de faire justice des hommes trop peu dignes de le représenter quand il en sera temps. Enfin ils votèrent la paix, paix atroce, conclue à des conditions épouvantables ; c'était notre ruine... Mais que faire ?

Voici comment nous devons raisonner :

Nous sommes des victimes, vaincues, attachées, garrottées, ne pouvant plus bouger, et, avec le poignard sur la poitrine, le pistolet sur notre front, on nous crie ceci : « La bourse ou la vie. » Si nous refusons, on nous tue, et l'on prend la bourse après, c'est-à-dire Paris, nos villes, nos provinces, nos armements, nos arsenaux, nos flottes, nos musées, nos richesses ; le pillage et le meurtre s'étendent sur la plus vaste échelle ; et l'Europe et le monde ne s'en émeuvent pas... Tout nous abandonne et nous livre au plus affreux brigandage... Cédons !... Il le faut !... Mais rappelons-nous que l'assassinat et le vol ne sont pas choses légales... Oui, la conscience humaine reprendra le dessus ; il y aura un jour revendication, et justice sera faite.

Moi, dans cette Assemblée, où je ne tenais nullement à me rendre, je ne sais si ma conscience m'eût permis de voter cet affreux traité. Que mes perplexités, que mes douleurs eussent été vives et profondes! Mais ne le votant pas, ma main eût pressé la main de celui qui eût fait tout autrement... Le salut de la France exigeait qu'il en fût ainsi.

Une majorité républicaine, radicale, démocratique, énergique, que j'avais rêvée, que j'avais désirée, qu'eût-elle fait? — La guerre. — Pour arriver à quoi ? — A un vaste carnage, à la ruine, à la chute.

Donc, le vote de février n'est pas aussi blâmable que nous l'avions d'abord cru... Il a nommé nos adversaires, mais il nous a déchargés d'une terrible responsabilité, ce que beaucoup des nôtres n'oseront proclamer tout haut et peut-être même s'avouer tout bas.

Poussons plus loin notre investigation.

L'Assemblée devait-elle, immédiatement après le vote du traité, sans attendre qu'il eût été débattu à Bruxelles, article par article, par les deux parties adverses, puis signé des deux gouvernements aux prises, se retirer, abandonner la place à d'autres? Beaucoup diront oui.

Mais si elle est remplacée par une assemblée ardente, chaudement républicaine, les Prussiens étant encore dans les forts de Paris, couvrant encore un grand nombre de nos départements, nos armées étant éparpillées, non encore propres à prendre une vigoureuse offensive, serons-nous assez souples, assez diplomates, assez patients, assez résignés pour nous entendre avec eux? Pourrons-nous les faire s'en aller? Ne rallumerons-nous pas la guerre?

Vous qui connaissez notre tempérament, réfléchissez bien ; tout est là bien grave... La guerre, en cette situation, où pouvait-elle nous conduire? Que le bon sens réponde.

Si au lieu de la guerre, c'eût été la paix, si nous eussions accepté le traité voté, pour en poursuivre à fond l'exécution, il fallait de l'argent, solder l'indemnité de guerre, et, en cette situation, nous, les ardents, nous les patriotes, nous les démocrates, aurions-nous pu réaliser un vaste emprunt?

M. Gambetta est un grand patriote; je rends hommage à son activité, à son élan, à son énergie, à son courage, à sa ténacité, à la beauté, à la grandeur de ses paroles, qui nous donnaient des soldats, qui faisaient tressaillir la France ; mais, président de la République après nos désastres, dans notre abaissement, eût-il eu le même crédit que **M**. Thiers ? Eût-il pu rallier autant d'éléments, autant de forces diverses ? Demandant quinze cents millions, eût-il récolté quatre milliards ? Je n'en crois rien, et tout homme réfléchi et sincère partagera mon sentiment.

En 1848, les 45 centimes furent un sujet terrible d'accusations contre nous, contre notre République, et contribuèrent pour une bonne part à notre chute. La situation actuelle étant cent fois pire, les Prussiens nous écrasant, le peuple souffrant, toutes les aristocraties, toutes les mauvaises volontés se liguant contre nous, et nous décriant, et nous calomniant, et nous diffamant, et nous accablant sous notre immense, terrible responsabilité, que fussions-nous devenus ? que fussent devenues la France et la République ?

La marche suivie n'a peut-être pas été la plus mauvaise. Pensons-y avec bonne foi.

La forme républicaine est maintenue, **M**. Thiers est président de la République française, le suffrage universel n'a subi aucune atteinte, nous avons des libertés de presse ; les conseils municipaux, les conseils généraux sont élargis, notre armée se réorganise et se fortifie, l'instruction va devenir obligatoire et sous peu gratuite certainement ; le peuple se détache des dynasties, s'habitue au gouvernement républicain. le seul qui puisse lui donner l'économie, les clartés nécessaires, la force et la grandeur.... Pourquoi ne croirions-nous pas à notre succès définitif ?

Que nous serions déjà forts et robustes si nous avions su éviter la guerre civile ! Les Prussiens seraient partis plus tôt, l'Algérie ne se serait pas insurgée, nos monuments ne seraient pas détruits, le sang n'eût pas coulé à flots dans les rues de Paris, les gardes nationales subsisteraient encore et on n'eut jamais pensé à les dissoudre ; il y aurait

plus d'accord, plus d'unité entre tous les citoyens ;
nos frais, nos impôts seraient deux fois moindre ;
nous serions plus grands, plus estimables aux yeux
du monde entier ; nos travaux, notre commerce, nos
exportations, tout eût marché comme par enchan-
tement, et nous nous serions relevés avec une
extrême rapidité... Des fautes sans exemple ont
été commises, tirons-en un salutaire enseignement,
et marchons droit et unis vers des temps meilleurs.

L'instinct ou la raison du peuple ne l'a pas trompé ;
il faisait bien même lorsque nous pensions qu'il s'a-
busait et faisait mal. Est-il question de traiter avec
les Allemands, il nomme des royalistes en grande
majorité, ne croyant pas pouvoir mieux faire, et
voulant arriver à la paix. Il leur met, pour me servir
d'une expression vulgaire, la queue de la poële,
toutes les responsabilités, tous les embarras gouver-
nementaux dans les mains... Il nous en décharge,
ne voulant pas compromettre notre avenir et le
sien. **M.** Thiers, au sommet de l'administration,
trouve les milliards, éloigne l'ennemi, réorganise
l'armée, fait passer dans nos rangs ce qu'il y a de
plus sensé, de plus honnête dans les partis monarchiques, maintient l'ordre et la République, sachons
nous en réjouir.

Les aveugles, les fougueux royalistes qu'on avait
élus pour conclure la paix, se voyant en si grand
nombre dans l'Assemblée de la nation, crurent que
la nation était avec eux, qu'elle partageait toutes
leurs folles idées, et s'imaginaient toucher au triomphe. Ils voyaient dans leur illusion la République
morte, l'un de leurs princes sur le pavois ! Et de là
plus de retenue, partant une extrême arrogance.

Le peuple ouvrit les yeux, réfléchit, et, indigné,
médita leur punition... Faut-il compléter l'Assemblée, où manquait cent sept membres ? il nomme
cent républicains. Faut-il élire des conseils municipaux, et ensuite les conseils généraux ? il fait encore
son choix parmi les républicains, qui se trouvèrent partout en majorité, à la grande surprise de la réaction.

Le peuple marche, fait comprendre qu'il ne veut
ni empire, ni royauté, qu'il veut garder la Répu-

blique, et malheur à qui méconnaîtra sa toute puissante volonté.

Que l'Assemblée actuelle dure encore six mois, un peu plus s'il le faut; respectons-là si elle respecte l'inclination de la France... Mais un peu plus tôt, un peu plus tard, lorsqu'elle prendra congé, une assemblée républicaine viendra la remplacer. Celle-ci nous donnera une bonne constitution, des lois à l'avenant ; les impôts seront mieux répartis, mieux appliqués, les riches auront à cœur de prendre sur leurs épaules les plus lourds fardeaux, déchargeant d'autant les pauvres et les faibles. Il faudra bien, à la fin, que la vraie justice descende sur la terre.

Républicains chauds ou tièdes, voulez-vous fonder la République ? écoutez ceci :

Croyez à nos principes, croyez au peuple, croyez à l'avenir, ne semez pas le doute, le découragement, ne vous divisez pas, ne vous maltraitez pas les uns les autres, affaiblissez le camp des royalistes, fortifiez le vôtre, ne repoussez pas, mais accueillez ceux qui viennent à vous, répandez la lumière, convertissez, faites parler le suffrage universel, attendez tout de lui, et, croyez-moi, le triomphe est certain.

Votre ami tout dévoué,

Agricol PERDIGUIER.

Deuxième Lettre *AU MÊME*.

Paris, 18 novembre 1871.

Cher ami Vigne,

Hier j'ai mis à la poste les deux brochures avec une lettre fort étendue, que j'ai close parce que j'étais au bas de la quatrième page. C'est une causerie sans recherche, sans façon, loyale, jetée au courant de la plume, d'ami à ami. Je sens le besoin de la continuer encore un peu.

J'ai dit que les républiques sont rares dans le monde; et pourtant il devrait en être autrement. Où donc trouver la cause de notre insuccès, de nos immenses revers, du triomphe de nos adversaires, des aristocraties de toutes les formes?

La république démocratique est une excellente chose, le peuple s'en accomoderait à merveille et y trouverait profit et bonheur ; et cette excellente chose, dont le peuple serait capable de se rendre digne, nous ne pouvons l'implanter dans le pays, et si elle vient, ce n'est que pour quelques jours, elle croule aussitôt, le peuple lui-même ne la soutenant plus.

Mais à quoi donc, à qui donc attribuer nos insuccès, nos profonds désastres, nos horribles catastrophes? Ce n'est pas à la forme républicaine, qui est certainement bonne, ce n'est pas au peuple, que je ne crois pas incapable de se gérer et que ce serait là son propre gouvernement; mais à qui donc s'en prendre alors ? Hé bien! je vais vous le dire : aux chefs de partis, aux ambitieux, aux meneurs, qui veulent des places, des situations ; qui font rage pour arriver, qui parlent aux passions et non à la raison, qui chauffent les têtes, irritent les cœurs ; qui se dénigrent, qui se salissent les uns les autres, tous impatients, tous pressés d'arriver au but, et d'autant plus violents que ce n'est pas le peuple, le bonheur du peuple qui les préoccupe le plus, mais leur seul intérêt, leur immense personnalité. Ils veulent se faire une place, la plus élevée possible, le plus promptement possible, et, pour cela, il faut brusquer : en avant donc! et la nation devient ainsi la victime ou la proie de leur trop criminel égoïsme. Combien de frénétiques républicains de notre première révolution se firent les satellites de Bonaparte ? combien d'autres marquèrent comme d'ardents royalistes en 1815 ?

Est-ce que nos étudiants en droits, en médecine, même nos élèves des écoles militaires ne sont pas tous, ou presque tous, républicains dans leur jeunesse? Quelques-uns ne poussent-ils pas jusqu'au socialisme le plus extrême, jusqu'au communisme le plus prononcé? Que deviennent-ils ensuite pour la plupart?

Examinez nos vieux docteurs, nos graves avocats, nos avoués, nos officiers judiciaires, notre magistrature, nos généraux, nos colonels, tout ce qui porte épaulette argentée ou dorée, quel changement! Ce qu'ils avaient acclamé hier, ils le maudissent aujourd'hui, après s'être fait frapper eux-mêmes ils finissent par frapper les autres. Qui ne se souvient des Talleyrand, des Fouché, des Barthe, des Merilhou, des Baroche, des Charles Dain, des Emile Ollivier, des Maurice Ricbard, d'une foule d'autres qui, suivant la même voie, sont arrivés de la crânerie républicaine à la fureur réactionnaire? Quelles tristes et abominables transformations!

Et sous la Commune même, qui voyons-nous en fonction? Ceux qui, sous l'empire, avaient le plus fait de bruit dans les rues et dans les clubs, ceux qui allaient frapper, tuer des pompiers dans leur corps de garde, ceux qui saisirent toutes les occasions pour renverser, sous l'œil des Prussiens, le gouvernement de la Défense Nationale, ceux qui n'avaient jamais combattu pour le salut de la patrie, se réservant pour la guerre civile. Le jour venu, les voilà se précipitant sur les emplois, les émoluments, se parant d'écharpes rouges magnifiques, se couvrant de galons d'or et d'argent, trônant à leur tour, se gonflant dans leur vanité, frisés, pommadés, calicotés, et plus despotes que tous ceux qu'ils avaient accusés de despotisme jusque-là. Quels désaccords entre eux! quelles orgies! Quelle incapacité gouvernementale! quel déplorable règne!... Et puis, le danger venu, sans attendre la fin de la lutte, quel sauve-qui-peut parmi ces terribles hommes, abandonnant, laissant dans la défaite et la souffrance les foules qu'ils avaient égarées! Non, non, là n'est pas mon idéal... je veux au pouvoir, ou siégeant dans nos assemblées, des hommes sages, honnêtes, probes, connus, courageux sans l'afficher; des politiques sensés, de vrais savants, des travailleurs consciencieux, des philosophes pratiques, de ces natures droites, solides, qui ne dévient jamais, et non des furibonds et des fanfarons qui ne pourraient que nous perdre, et jamais nous sauver.

Je sais néanmoins qu'il y a parmi les ardents des hommes de cœur, de foi, qui rêvent le bien, qui veulent le faire triompher, même au péril de leur vie. J'en ai counu, j'en connais certainement. Mais encore faut-il nous tenir en relation avec les masses, les étudier sans cesse, ne rien tenter lorsqu'elles ne veulent pas ce que nous voulons. Il faut laisser mûrir le fruit. Et puis il faut respecter le suffrage universel, les lois fondamentales de la République. Il ne faut pas agir à la légère, et dire ensuite : c'est la réaction qui a tort, c'est elle qui nous a provoqués, qui nous a tendu des piéges ; elle avait même jeté dans nos rangs de faux frères, des traîtres, qui nous ont excités, qui nous ont poussés en avant et nous ont fait tomber dans le mal. Oui, oui, il y a du vrai en cela, j'ai vu comment les choses se passaient en juin 1848, en mars 1871 ; des royalistes, des bonapartistes ont mis la main à l'œuvre, je le sais, mais tout cela ne nous excuse pas. L'homme intelligent évite les piéges. Soyons donc sérieux et pensons à l'avenir.

Sachons compter avec le temps, avec les situations et ne veuillons pas l'impossible.

Docteur, laissez-moi user d'une comparaison :

Qu'une femme soit grosse, et que, pressé et pour avoir plus tôt son fruit, on la secoue, on la brutalise, elle accouchera d'un enfant mort, d'un avorton ; que la France, que notre patrie soit grosse d'une révolution, d'une transformation sociale, et que pour ne pas attendre le terme voulu, on se livre aux conspirations, aux agitations hâtées, aux troubles de la rue, elle accouchera d'une émeute, autre avorton, et elle en sera affaiblie, souffrante, malade, et toutes nos espérances en seront infiniment ajournées.

Écoutez encore ceci :

Que pour arriver plus tôt au sommet de la montagne on ne veuille pas suivre les conseils de la sagesse ; qu'au lieu d'appuyer à droite, et puis à

gauche, de suivre les sinuosités, d'aller en zig-zag,
comme le vaisseau qui lutte contre les vents con-
traires, contre une mer orageuse, on veuille
escalader par la ligne qui paraît la plus droite, la plus
courte, formant angle droit de la base au sommet du
mont, on se heurte contre les pentes abruptes, les
rochers sourcilleux, les pics gigantesques, et, après
de vains efforts, essoufflé, affaibli, brisé, pris de ver-
tige, on tombe à la renverse, on est vaincu.

Nos fréquentes émeutes, nos troubles, nos guerres
civiles, nos prises d'armes de républicains contre
républicains, nos exagérations, nos violences, sont
des malheurs que je déplore, dont nous sommes
tous les victimes, et qui nous éloignent trop souvent du but que nous voulons atteindre.

Il est pourtant des cas où l'homme peut s'irriter,
s'enflammer, mais il faut savoir distinguer et bien se
garder d'agir légèrement.

Oui, si une classe d'hommes tient seule le pouvoir, s'en fait une propriété exclusive, si le privilége
règne en maître; si quelques individus sont tout et
la masse de la nation n'est rien; si on lui refuse
toute égalité de droits, tout vote, tout moyen d'ex-
primer sa pensée, sa volonté ; si on la méprise, si on
la raille, si on la dédaigne, si on la traite en esclave,
je comprends alors ses colères, ses emportements...
Elle veut justice, je veux justice avec elle, et comme
elle je combattrai pour le droit méconnu, pour
l'affranchissement des opprimés. Mais, au jour où
nous sommes, le cas n'est plus le même, et nous
pouvons, sans aucune violence, imposer notre volonté, et obtenir toute justice dans notre chère patrie.

Pourquoi ne pas nous contenter, en ce temps-ci, de
la liberté de la presse, de l'égalité des droits entre
tous les Français, du suffrage universel, et ne pas
croire à notre triomphe définitif avec de si puissants
leviers entre nos mains? Pourquoi se croire faible
lorsqu'on est fort? Pourquoi nous diviser dans le
parti? Pourquoi engendrer de nouvelles dénominations, de nouvelles démarcations? Il arrive que les
choses sont bien, et que pour les rendre mieux on
les gâte complétement.

Autrefois, dans la numération nous prononçions comme ceci : cinquante, soixante, *septante, huitante, nonante*, cent. Les deux premiers termes restent, les trois qui suivent sont supprimés. Pourquoi ? Si le cinquante indique qu'il faut poser un 5 devant le zéro, le soixante un 6 ; les septente, huitante, nonante indiquent le 7, le 8, le 9. C'est la suite naturelle de tout ce qui précède ; rien de plus juste, de plus bref, de plus logique. Mais non, non ; on n'en a plus voulu ; c'était trop bien, et à la place de septante, huitante, nonante, il a fallu mettre *soixante-dix, quatre-vingts, quatre-vingt-dix*. C'est plus long, plus obscur, plus *embrouillant*, et pourtant la nouveauté a prévalu. Les grands esprits ont applaudi, je ne sais pourquoi ? et les moutons de Panurge ont suivi et suivent encore. Les campagnes seules, les ruraux si l'on veut, n'ont pas donné dans ce travers, ont conservé les anciennes dénominations, et je les en félicite.

Laissons les dames porter la taille tantôt au milieu du dos, tantôt au milieu de leur derrière, se mettre mal quand elles sont bien, dédaigner la vraie taille, la taille à la taille, qui les rend si gracieuses, parfois si majestueuses ; passer du beau au laid, du plaisant au grotesque. C'est affaire de mode... et puis cela fait travailler les couturières, les passementières, les fleuristes, les modistes... n'en parlons plus. Mais pourquoi des changements tout aussi puérils dans la politique.

Autrefois nous nous disions républicains, et comme il y a des républiques bourgeoises, aristocratiques, oligarchiques, et des républiques démocratiques, nous pouvions nous appeler, nous qui voulons le règne du peuple, républicains-démocrates. Maintenant ce terme est trop peu, il faut être RADICAL. M. Gambetta lui-même, le grand patriote, auquel j'ai rendu un éclatant hommage dans mes brochures *Comment constituer la République et Patriotisme et Modération*, veut qu'il y ait un parti radical dans le parti républicain... C'est nous diviser, c'est nous affaiblir ; je le déplore et j'en souffre jusqu'au fond de mon cœur.

Que veut dire le mot DÉMOCRATE? Qu'on est pour la démocratie, c'est-à-dire pour le gouvernement de tous et par tous; qu'enfin tous les hommes doivent avoir des droits égaux, que tous doivent être soumis à la même justice sur la terre. Que veut dire le mot RADICAL séparé de toute autre désignation? Rien, absolument rien! et ni vous, ni M. Gambetta, ni d'autres, ne pourriez m'en donner une définition satisfaisante et quelque peu sensée. On peut être radicalement bonapartiste, radicalement légitimiste, radicalement orléaniste, radicalement fou ou parfaitement en santé, mais je le répète, le mot *démocrate* dit quelque chose sans être accolé à d'autres mots, tandis que le mot *radical* appliqué à un parti ne dit absolument rien en fait de nuance ou de principe politique. Il peint plutôt le caractère de l'homme, ses ardeurs, ses passions, que la portée de son jugement, la nature de ses pensées, la valeur de ses opinions en fait de lois et de gouvernements.

Le mot RADICAL est emprunté à Genève. Il y a vingt ans, M. James Fazy était, là, le grand prêtre et peut-être le créateur du radicalisme... il marchait à sa tête. Il avait pour collègue, ou plutôt pour adversaire au Conseil d'Etat, M. Camperio, qui se mit à la tête des démocrates. Démocrates et Radicaux étaient également républicains, voulaient à peu près les mêmes lois, les mêmes améliorations politiques et sociales dans la République. Ils étaient divisés non par les principes, non par les différentes façons de comprendre le bien, mais par les personnalités, les ambitions, les intérêts privés, l'égoïsme enfin, et plus d'une fois on en vint aux mains, aux luttes sérieuses. Le palais des élections fut appelée *la boîte à giffles*, ce qui peint à merveillé les caractères et la situation... Mais, ne le cachons pas, les plus violents étaient les radicaux. Combien de fois j'ai entendu crier dans les rues, sur les places, au bord du lac, les jours d'élection : Vive Fazy! à bas Camperio! à bas les démocrates! Et si ceux-ci se fussent permis de retourner la phrase et de crier: Vive Camperio! à bas Fazy! à bas les

radicaux ! la bataille se fut engagée et le sang eût coulé.
Je le dis encore, le mot radical ne désignait pas la portée
de l'opinion politique, mais tout simplement le caractère, la fougue, la violence, la brutalité de plusieurs
de ceux qui s'en paraient avec le plus d'ostentation.

Entre ces deux partis populaires, démocrates et
radicaux, était le parti des conservateurs, un peu
aristocratique, qui se frottait les mains, qui se
délectait, donnait la majorité à qui il voulait, et la
petite république, de 60 à 70 mille âmes alors, en
souffrait certainement, sans cependant que son existence fut en rien compromise, vu que là, riches
comme pauvres, tout est républicain.

Mais il n'en est pas de même ici, où le même an-
tagonisme entre républicains amènerait, vu la force,
l'audace, l'aveuglement des partis monarchiques, les
plus horribles catastrophes.

J'ai connu M. James Fazy, le grand radical, trem-
blant devant le nom de Bonaparte, épouvanté devant
une édition de *Napoléon-le-Petit* qu'on publiait à
Lausanne. Je me rappelle l'accueil qu'il fit au pauvre
expatrié, toujours doux, et dont il fut cependant
effrayé, parce que ce proscrit avait siégé à la MON-
TAGNE. Une lettre du brave Baune, de l'ami parlant
à l'ami, ne fit point d'impression, n'eut point d'effi-
cacité, et l'homme malheureux ne trouva que de la
glace et de la dureté. J'aurais beaucoup à dire sur
ce roi du radicalisme, mais je me borne à cette re-
commandation : Français, ne le prenez pas pour
modèle, et évitez les divisions.

Si l'on n'acceptait pour candidats que les radicaux,
si tout républicain, dont le fond est profondément
démocratique et la forme modérée, devait être sans
cesse repoussé, tenu à l'écart, des mécontentements,
des dégoûts, des divisions dans le parti, d'immenses
obstacles se produiraient certainement : c'est ce
qu'on a déjà pu remarquer à Lyon, surtout à Mar-
seille aux dernières élections, où les huit dixièmes
des électeurs se sont tenus éloignés de l'urne. Ne
soyons point exclusifs, ne décourageons pas une
partie des nôtres, restons unis, évitons dans l'avenir
toute fâcheuse conséquence.

Si les élections se faisaient, comme sous l'empire, par circonscription, à la majorité absolue, je dirais ceci bien haut : que la presse, que les feuilles locales, que les comités plus ou moins nombreux n'aient pas la prétention de faire seuls les élections, de forcer le sentiment public. Laissez tous les républicains sincères se produire, se manifester ; qu'ils parlent au peuple, qu'ils expriment ce qu'ils ont dans l'âme, ce qu'ils ont dans le cœur : trêve à l'engouement et au dénigrement ; tenons la balance, faisons parler la raison et jamais la haine. Aux électeurs à se prononcer. Si le premier tour de scrutin n'est pas définitif, il aura du moins mis en évidence le citoyen préféré. Cela étant, nous n'aurons plus qu'un seul candidat au second tour. Réunissons alors toutes nos voix et donnons-lui une éclatante victoire.

Voilà ce que j'aurais recommandé sous les prescriptions de l'ancienne loi électorale. Mais maintenant l'élection se fait par département, par scrutin de liste, à la majorité relative. Il faut donc une rigoureuse discipline. Aux Comités donc à fonctionner, à s'inspirer des plus grands, des plus nobles sentiments, à nous faire toucher à ce sublime but : Le triomphe de la République, le salut de la patrie, la paix et le bonheur du monde entier.

Je ne suis pas un radical, mais un républicain qui prêche sa doctrine, qui veut convertir à ses idées, à ses principes, les croyant salutaires au peuple, et, à la parole, il joint, depuis quarante ans, le travail de la plume, vous le savez. Dans ma brochure *Comment constituer la République*, que vous avez reçue, que vous connaissez maintenant, brochure que j'ai écrite en grande partie pendant notre lutte contre les Prussiens, au bruit du canon, au milieu de nos misères, de nos désastres, le ventre vide souvent, car tout nous manquait, même la viande de cheval, même le pain d'avoine, je demande ceci:

Le maintien à tout jamais du suffrage universel, la nomination du président de la République par l'Assemblée nationale ; la liberté de la presse, sans timbre, sans cautionnement, avec responsabilité de l'écrivain ; la liberté de réunion et d'association ;

des élections pas trop éloignées les unes des autres;
l'abaissement des hauts traitements, l'épuration des
administrations, la suppression des emplois inutiles,
en outre, de tout cumul; le respect des employés,
des fonctionnaires envers le public; une réforme
dans la situation du clergé, car le prêtre doit rester
en dehors de la politique, ne point peser sur le Gouvernement ni troubler et diviser les populations;
l'abolition du tirage au sort, car tous les jeunes
citoyens doivent être soldats pendant un temps
très-court, pour garder nos frontières et nos places
fortes, ensuite reversés dans la garde-mobile, et les
plus âgés de ceux-ci dans la garde nationale séden-
taire. Je veux l'instruction obligatoire, gratuite,
laïque, forte, puissante; des maires, des conseils
municipaux représentant, servant dignement les
populations et les conduisant vers le bien; des bi-
bliothèques, des conférences sur l'agriculture, les
métiers, les lois, l'histoire, les sciences, la bonne
littérature, la morale, instructives, à la portée de
tous, et cela dans toutes les mairies, dans toutes les
communes de France; des impôts vraiment propor-
tionnels, et, dans les temps de crise, de misère
publique, des impôts progressifs frappés sur ceux
qui peuvent les supporter sans en trop souffrir; des
enquêtes sur la guerre, sur nos gouvernants, nos
généraux, nos employés, nos fonctionnaires, les
rendant responsables de leurs actes, de leurs travaux plus ou moins bien exécutés, avec comparution
devant les tribunaux si les cas l'exigent.

Mais, ce que je demande, je le veux par la voie
des assemblées délibératives, par propositions et
adoptions successives, par la règle, par la loi, par
la volonté nationale, sans violence d'aucune sorte.

Enfin je combats toutes les royautés, toutes les
aristocraties, tout ce qui sépare l'homme de l'homme;
je prêche la liberté, l'égalité, la fraternité, et toute
ma vie a été consacrée à cette œuvre.

Dites-moi maintenant, cher docteur, ce que je
suis, et si les radicaux sont plus républicains, plus
démocrates que votre très-humble serviteur?

Je sais comment notre parti s'est perdu dans tous

les temps, comment il a croulé, comment il a donné
gain de cause à nos ennemis...

Et je le verrai suivre la même pente, se diviser
encore, se jeter de rechef dans la violence sans
donner un avertissement! sans crier de toutes mes
forces : prends garde à toi! Non! non! je ne puis
pas ne pas l'avertir.

Agissons sur le peuple, inculquons-lui des idées
saines, morales, élevées ; faisons-le notre ami, notre
appui ; répudions la brutalité ; soyons doux, soyons
apôtres ; persuadons, convertissons, républicanisons
tout ce qui peut nous entendre... Tout est là ; et le
succès final viendra couronner nos efforts.

Voilà ce que j'ai prêché en 1848, voilà ce que je
prêche aux jours où nous sommes. Si nous périssons
encore, c'est qu'on aura fait fi des conseils de la
modération, de la vérité; c'est qu'on aura pris le
contre-pied de nos principes, c'est que la raison a
trop peu d'empire sur les hommes, c'est que nous nous
serons divisés, c'est que, comme par le passé, nous aurons tourné le dos à la sagesse et donné dans les travers
et les piéges qui nous sont et nous seront tendus.

Enfin, nous avons le suffrage universel, la liberté
de la presse; nous sommes tous électeurs à vingt-
et-un ans, tous éligibles à vingt-cinq ans. Pauvres
et riches, la loi est égale pour tous, nous sommes
tous égaux devant la loi. En ce sens, aucun pays du
monde ne peut être comparé au nôtre. La loi des maires
et des conseils municipaux a été élargie et le sera encore, la loi des conseils généraux donne plus de liberté, plus d'indépendance, plus de vie à nos départements. La décentralisation est en voie de progrès.

Un homme qui a été notre adversaire, peut-être
notre ennemi, que j'ai attaqué quelque peu en 1851
dans un article intitulé : *La vile multitude d'en
haut*, en outre dans ma *Statistique du salaire des
ouvriers* publiée en 1850, a fait de grands pas de
notre côté, est devenu président de la République
française. Il organise, il administre avec un zèle
extrême. Depuis qu'il est là, nous avons fait trois
élections : d'abord, pour les conseils municipaux;
ensuite, au 2 juillet, pour le complément de l'As-

semblée nationale, et tout récemment, pour les conseils généraux. Ce sont trois succès, ce qui devrait nous donner confiance, foi dans l'avenir. Mais on voudrait que le président se prononce plus ouvertement pour la République, qu'enfin il proclame la République. Mais il y a une Assemblée nationale, qui tient la haute autorité. Un président n'est pas un empereur, il ne peut ordonner en maître, il a des règles à suivre, ce que nous oublions trop souvent, habitués que nous sommes au despotisme d'un seul homme.

Le président répond qu'il a reçu un dépôt sacré, que ce dépôt ne périra pas dans ses mains, et qu'il la rendra intact à la nation. Je trouve des milliards, dit-il, j'éloigne les Prussiens, je réorganise notre armée pour que nous ne soyons plus à leur merci, j'établis des relations avec les puissances étrangères, je maintiens l'ordre autant que je le puis... Aux hommes de plume, de parole, d'intelligence, à agir avec âme, avec cœur, d'éclairer les esprits, d'exercer une grande et salutaire influence ; au peuple à accueillir les grandes idées, à s'en pénétrer, à consulter sa conscience et à constituer ce qu'il voudra ; à lui, et non à moi, de vous donner la République.

Comment ! dans un tel milieu ! avec trois succès déjà obtenus ! avec des libertés dont nous devons savoir nous servir, nous aurions peur ! nous nous fâcherions ! nous nous emporterions ! le courage calme et grand nous ferait défaut ! nous jetterions le doute, le découragement, la division, la terreur dans notre parti, dans le camp populaire ! Que ce serait peu politique, que ce serait peu patriotique, et combien nous mériterions les malédictions de la postérité...

La République, mais elle passe dans les mœurs, on s'y fait de jour en jour, les campagnes s'en rapprochent tout autant que les villes, ses adhérents s'accroissent toujours plus, et si nous savons être sages dans six mois, un an peut-être, car il faudra bien, à la fin, que la volonté du peuple soit obéie ! nous ferons de nouvelles élections, nous nommerons des hommes de sens, de cœur, des républicains, des démocrates, auxquels M. Thiers rendra compte de sa gestion, remettra ses pouvoirs, le dépôt qu'il a reçu... cette Assemblée souveraine le maintiendra en fonctions si elle le juge à propos, et il mérite beaucoup! fera choix d'un président plus jeune et plus ardent si elle le croit préférable, et dans tous les cas la République sera fondée, et rien ne pourra plus l'ébranler et la renverser.

Les royalistes, les amis des rois, des empereurs, des cours, des titres, des gros budgets dans lesquels plusieurs puisent largement, perdent du terrain ; ils le voient, ils en ont conscience ; de là leur irritation qui ne peut plus se contenir. S'ils nous lancent des paroles haineuses, amères, acerbes, insensées, répondons par des paroles de bons sens, patriotiques, fraternelles, et restons dignes. Le peuple a des oreilles, des yeux, il entend, il voit, il sera juge, et les agitateurs monarchiques seront punis, les sages républicains récompensés, et la France en profitera. Croyons à l'avenir, et l'avenir ne nous fera pas défaut.

Voilà, cher ami Vigne, le fond de ma pensée.

Votre tout dévoué,

Agricol PERDIGUIER.

La lettre que voilà, écrite et mise à la poste le 18 novembre 1871, vieille de plus d'une année par conséquent, ne pouvait rien dire de nos succès électoraux dans le Nord, l'Yonne et la Somme, de même que d'un autre succès plus récent dans six autres départements : l'Oise. les Vosges, le Calvados, la Gironde, l'Indre-et-Loire et l'Algérie ; rien non plus de ce magnifique emprunt, de cette souscription sans précédent s'élevant à quarante-trois milliards, offerts par la France et le monde à la République française. A-t-on jamais vu pareil témoignage de confiance et de sympathie ? Tout marche, tout progresse, tous les bons cœurs se rapprochent, tout s'unit ou s'unira. Notre force est dans notre sagesse ; comment douter de notre avenir ? de celui de notre patrie ?

Troisième Lettre AU MÊME

Paris, 18 octobre 1872.

Cher ami Vigne,

Je vous ai déjà dit ma pensée dans deux bien longues lettres, l'une du 17, l'autre du 18 novembre 1871. Démocrate, vous savez que je le suis ; quant au radicalisme, que vous voulez me faire embrasser, je ne sais ce qu'il signifie en fait de principes politiques. Je reste donc ce que j'ai toujours été : républicain, et, pour tout dire, républicain-démocrate. Vous criez : Vive la République des paysans ! Moi, je crie : Vive la République de tout le monde ! de l'artisan, du cultivateur, du commerçant, de l'artiste, du civil, du soldat, du riche, du pauvre, enfin de la France entière. Est-ce que mon cri ne vaut pas bien le vôtre ? Oui, vive la République française ! Que chaque peuple pousse un cri équivalent, approprié à sa situation géographique, et tout ira à merveille.

Ah ! qu'on est ardent dans nos pays ! qu'on est fougueux ! qu'on est colère ! Je déplore cette profonde séparation entre les républicains et les royalistes… Quoi ! ne plus se parler ! ne plus se regarder ! Même entre parents, avoir de la haine les uns contre les autres si on ne partage pas la même opinion politique ! Voilà ce qui me choque, ce qui me fait souffrir.

Les prêtres, en grand nombre, beaucoup d'évêques, toutes les aristocraties, peuvent pousser à la division, s'appuyer sur elle, nourrir les haines, les préjugés, je comprends cela de leur part, car quelles bonnes raisons peuvent-ils donner aux foules pour leur faire haïr les droits égaux pour tous, la justice égale pour tous ? Mais nous, républicains, prêchons la paix, la fraternité, la sympathie entre toutes les conditions, entre toutes les nations, exposons nos

principes, faisons-les comprendre, et le peuple tout
entier passera de notre côté ; nous instituerons une
belle, une bonne République, voulue de tous, ap-
puyée sur tous.

Il ne faut pas recommencer l'histoire du passé, il
ne faut pas être tantôt ceci, tantôt cela ; je demande
moins de fougue et plus de solidité.

En 1792, n'étions-nous pas républicains ? De 1815
jusqu'à ces derniers temps, n'avons-nous pas été
royalistes et impérialistes ? Maintenant, né redeve-
nons-nous pas républicains ?... Mais il faut que ce
soit pour tout de bon, il faut que le principe populaire, démocratique, soit pour nous tous un culte,
une religion, un positivisme mêlé d'idéal ; il faut
que le cœur, que l'âme, que l'esprit s'en imprégnent,
qu'il s'infiltre, qu'il s'établisse dans notre conscience ;
et que ce soit pour toujours. Avançons donc, mais
sagement, et gardons-nous de dévier, de reculer
jamais.

Et vous voulez que je change de nature ! de caractère ! C'est impossible.

M. Gambetta lui-même ne dit-il pas aux radicaux
de se ranger sous les drapeaux de la sagesse ? S'ils
l'écoutent, s'ils lui obéissent, comme leurs principes
démocratiques ne vont pas plus loin que les miens,
qu'il ne s'agit entre nous que d'une question de
tempérament, je vois que sous peu nous ne ferons
qu'un tous ensemble, et notre cause en profitera
universellement.

Oui, défions-nous de la colère, de l'intolérance,
des appels fréquents à la force.

Voyez les Espagnols de l'Amérique méridionale !
Ils sont en républiques, mais ces républiques sont
toujours en révolutions ou en guerres les unes
contre les autres. Là, on élit un président pour cinq
ans. Quelques mois après, des ambitieux, des char-
latans, veulent le renverser, prendre sa place, pro-
mettant, bien entendu, des positions à tous ceux qui
se jettent avec ardeur dans le mouvement. Il arrive
aussi qu'un président touche au terme de son man-
dat, et qu'il ne veut pas se retirer ; il veut être dic-
tateur, empereur, maître suprême, garder la toute-

puissance ; et, de toutes les façons, il y a luttes, combats, le sang coule, la misère s'étend ; et pourquoi ? parce que, au lieu d'invoquer les lois, la sagesse, d'être soumis aux principes de justice, on ne connaît, nous ne connaissons que la force, la force aveugle, brutale, égoïste, sans frein, source et cause de notre ignorance, de tous nos malheurs sur la terre entière.

Les Espagnols sont-ils plus sages en Espagne qu'en Amérique ? Nullement ; c'est toujours la force qui est leur Dieu, qu'ils ne cessent d'invoquer, et ce Dieu cruel et fatal les sert tout aussi mal ici qu'ailleurs.

Ils ont pour roi un Italien, le fils d'un roi excommunié. Ne vaut-il pas mieux, cet étranger, pour le libéralisme, pour l'émancipation du peuple, pour l'avenir de l'Espagne qu'un Bourbon, qu'un roi bigot ? Est-il un homme de progrès qui puisse ne pas répondre affirmativement ?

Et cependant, qu'avons-nous vu ? Des choses bien tristes.

Il fut question d'une élection générale. Voilà que tous les partis extrêmes, que tous les prétendants : alphonsistes, carlistes, montpensiéristes, unionistes, radicaux, républicains, se coalisent, se donnent la main, se prêtent un mutuel appui, voulant arriver aux cortès en majorité, vaincre le gouvernement, renverser le roi, repousser l'étranger, le fils de Victor-Emmanuel, bien loin de l'Espagne ; pour faire quoi, ensuite ? On n'en sait rien.

Amédée l'emporta, les élections lui furent favorables, il eut parmi les députés espagnols une imposante majorité. Tout finit-il là ? S'inclina-t-on devant le vote ? Nullement... Est-ce que l'on compte pour quelque chose la volonté nationale ? Voilà les carlistes qui s'insurgent, et le sang coule à flots ; et les ruines s'accumulent ; et puis voilà des républicains qui se livrent à la violence, et l'Espagne se débat dans la plus affreuse des situations.

Si je pouvais quelque chose sur la conduite des hommes, si je pouvais quelque peu diriger le parti démocratique, je dirais, et j'aurais dit à mes frères les espagnols dès le commencement : Républicains, répandez vos théories, et que ces théories soient pratiques, à la portée de l'esprit, des sentiments du peuple que vous voulez réformer et constituer. Ayez une haute morale, un puissant idéal, faites-vous aimer, faites aimer votre cause. Vous possédez le suffrage universel, des libertés de presse, un gouvernement représentatif ; vous pouvez aller plus loin ; mais luttez, triomphez avec des armes légales, pacifiques ; ne sortez pas de la Constitution. Vous êtes le grain, le germe, le principe, mais laissez croître la plante... Le peuple Espagnol n'est pas encore mûr pour la République. Je le vois entre les mains des prêtres réactionnaires, des jésuites ; il est encore ignorant, fanatique, superstitieux. Il faut le guérir, le tirer de son aveuglement, de sa servitude. Poussez donc aux lois d'instruction, répandez la lumière, enseignez la politique, la philosophie, la morale, la tolérance ; faites des hommes, des citoyens, des amis de la liberté, de l'humanité. Pour cette œuvre, Amédée lui-même vous secondera ; ne lui soyez donc point hostile. Et plus tard, si le peuple est digne de la République, s'il la veut, s'il le manifeste par ses votes, il l'aura, et vous aurez contribué à faire son bonheur.

Voilà, cher ami Vigne, la tactique que je suivrais, en France comme à l'étranger, si je pouvais quelque chose dans les affaires humaines.

Mais c'est trop long, répondrez-vous. Trop long ! non, c'est une erreur, mon système est plus expéditif, plus sûr que le vôtre, car une fois arrivés au but, le gouvernement créé par nous, s'appuyant sur un peuple éclairé, moral, sur la volonté nationale, serait inébranlable, et ce serait fini des révolutions et contre-révolutions.

Que produisent donc les violences, les insoumissions aux lois, les révoltes perpétuelles dans l'Amérique du Sud, en Espagne, en France et dans d'autres pays ? Où sont les Républiques ? On ne voit qu'actions et réactions : nous triomphons un jour, on nous écrase pendant des siècles... Je ne vois par-

tout que rois, empereurs, maîtres absolus, et mes
regards se portent dans tous les âges et sur tous
les pays ! C'est qu'aux dominateurs, aux chasseurs
d'hommes, la force brutale suffit ; mais il n'en est
pas de même pour fonder, pour faire vivre des républiques. Si le principe du despotisme est la force,
n'oubliez pas que celui des Républiques ne peut être
que la sagesse et la vertu. Trop souvent nous l'avons
méconnu pour notre malheur. Où en sommes-nous
donc, dans ce monde si vieux, en octobre 1872,
enfin, aujourd'hui même ! Nous cherchons, nous
souhaitons, nous espérons.

Cependant, je vous concède ceci : Quand un
peuple est privé de tout droit, quand quelques-
uns gouvernent au détriment de tous, à leur seul
profit, et le narguent et l'insultent, il peut, il doit,
en ce cas, employer la force pour briser la force
qui l'opprime, et reconquérir ses droits qu'il tient de
la nature. Tout homme doit avoir son droit d'homme.
Mais une fois qu'un peuple a repris sa souveraineté,
il doit respecter ses propres lois, et se gouverner
par la sagesse, le bon sens, la raison, les principes
les plus élevés, et bien se garder de toute révolte ;
ce serait se révolter contre soi-même. Qu'on a peu
suivi la marche que je me permets de tracer ici !

J'aurais voulu, en 1792, que l'on fit notre grande
et sublime révolution sans couper tant de têtes ;
j'aurais voulu, en 1848, qu'on eût laissé la Consti-
tuante faire, en toute sécurité, la Constitution du
pays, et qu'on eût évité la lutte sanglante de juin ;
j'aurais voulu, en 1871, après tant de désastres,
qu'on eût laissé l'Assemblée Nationale, l'élue du
peuple, voter le traité de paix, trouver les milliards,
éloigner les Prussiens, et qu'on n'eût pas ajouté à
nos ruines de nouvelles ruines. Toutes ces rigueurs,
ces colères, ces guerres civiles ont divisé, mis aux
prises républicains contre républicains, au détriment
de tous, pour le malheur de la France et du monde.

Nous avons assez souffert, assez éprouvé de
vicissitudes ; si nous voulons sauver l'avenir, ne
nous divisons plus... Assez de luttes fratricides.

Nous avons la République, nous avons le suffrage

universel, nous avons des libertés de presse ; les
Prussiens s'éloignent ; dans un an notre territoire
en sera totalement purgé. C'est alors, au plus tard,
que l'Assemblée actuelle se retirera, ayant achevé
son œuvre, ne pouvant durer plus longtemps sans se
mettre en hostilité contre le pays ; une autre Assemblée la remplacera, et de celle-là dépendra notre
perte ou notre salut.

Pensons-y sérieusement, et préparons-nous. Quel
grave moment !

Selon vous, cher docteur, il ne faut que des radicaux ; vous repoussez tout le reste. Enfin vous
demandez de l'énergie à nos élus... Quoi ! de l'énergie
pour faire une Constitution et des lois !... moi je
demande du savoir, le sentiment démocratique, un
amour bien profond de la France et du peuple.

De l'énergie ! il en fallait pendant notre lutte contre
les Prussiens... Elle n'a que trop manqué, non pas
en haut seulement, mais partout. Nous étions bien
le peuple qui avait voulu, subi, maintenu pendant
vingt ans ce misérable empire qui nous avilissait
tous.

Des hommes ont voulu faire de l'énergie à leur
façon.

La Commune, plusieurs fois, a tenté de surgir ;
elle s'est enfin installée à l'Hôtel-de-Ville ; elle a
gouverné, et cependant, malgré sa rudesse, ce qu'on
prenait pour de l'énergie, malgré une armée consi-
dérable à ses ordres, une levée en masse de 19 à
40 ans, fortifiée de bataillons de femmes et de bataillons d'enfants, possédant des canons, des mi-
trailleuses, des locomotives blindées, des généraux,
des chefs, des directeurs militaires de son choix et
très-ardents, tels que Cluseret, Flourens, Delescluze,
Rossel, Duval, Eudes, Bergeret, Dombrowski, La
Cécilia, etc., eh bien ! malgré tout cela, cette
Commune, cette force qui paraissait devoir vaincre
toutes les forces, n'a pu percer les lignes ver-
saillaises, n'a pu aller jusqu'à Versailles, où il y
avait cependant peu de soldats ; elle s'est laissée
prendre ses forts, ses remparts, ses barricades
couvrant tout Paris ; qu'eût-elle donc fait contre

les Prussiens ? contre un million d'ennemis ? et comment eût-elle pu sauver la capitale et la France entière ?

Je ne dis pas que tout ait bien marché sous le gouvernement de la Défense Nationale ; il y a eu des faiblesses, et je m'en suis plaint en temps opportun dans les colonnes du *National ;* j'aurais voulu plus d'élan, plus d'audace, plus d'action... Mais nous n'étions pas ici la France entière, nous ne comptions que deux millions d'habitants, et les trente-six millions résidant en dehors de nos murs n'ont pu nous délivrer... La responsabilité pèse partout... Enfin nous ne sommes pas tombés sans honneur.

Paris a tenu cinq mois, sans rien laisser prendre sur lui ; la famine seule l'a vaincu... Rendons lui hommage... et gardons-nous de l'accuser.

Non, non, ne récriminons plus ; cessons de nous accuser réciproquement ; passons-nous beaucoup les uns aux autres... L'énergie a manqué, convenons-en, au temps voulu ; gardons-nous maintenant d'une énergie intempestive... Vivons en paix, et mettons la sagesse au lieu et place de la colère.

Je l'ai dit et je le répète, les prochaines élections générales seront notre perte ou notre salut.

Si les royalistes l'emportaient, nous passerions par de sanglantes catastrophes, car ni un Henri V voulant restaurer le Pape dans son pouvoir temporel, ni un d'Orléans voulant gouverner avec les bourgeois seuls, ni un Bonaparte voulant jouer des comédies ou des tragédies, ne pourrait nous relever. Rien ne tiendrait, tout croûlerait, et la France en subirait d'horribles conséquences. Les nations monarchiques, elles-mêmes, le comprennent et n'ont aucune confiance en toutes ces restaurations qui ne promettent que guerres et bouleversements. Si les radicaux, ou plutôt les violents, arrivaient en majorité, notre avenir serait également troublé. Ce qu'il nous faudrait en grand nombre, ce serait des républicains-démocrates, philosophes, sensés, sérieux, fermes dans les principes, mais très-doux, très-modérés dans leurs formes, dans leur langage.

La République en France n'est pas sans inquiéter

les rois, les empereurs, et de là la réunion de
Berlin. Six ans de République chez nous, c'est la
France élevée au plus haut degré de puissance.

Qu'on se rappelle 1848 ! La France avait alors
la haute influence dans le monde : tous les peuples
l'aimaient, avaient sans cesse les yeux sur elle.
Aussi lorsque le roi Louis-Philippe tomba du trône
il y eut partout de terribles contre-coups, un profond ébranlement. Les multitudes se soulevèrent.
Les Prussiens chassèrent leur roi, les Autrichiens
leur empereur, les Romains leur pape-roi, les Ba-
dois leur grand-duc. Le roi des Belges se mit à la
disposition de son peuple, qui voulut bien le garder
en faveur de son désintéressement, de son humanité. Les lois électorales furent partout remaniées,
le cens partout abaissé ; plusieurs gouvernements
représentatifs furent inaugurés... La France s'agi-
tant, tout s'agitait et se mouvait d'un bout du
monde à l'autre.

L'empire vint... Pauvres Français ! ils s'abais-
sèrent... Pendant vingt ans la décadence alla son
train. Le souverain était la défiance, la crainte, le
mépris du monde, et le peuple qui l'avait soutenu
perdit toute estime et tout crédit. Voilà la guerre !
voilà les catastrophes !... Point d'alliés ! point
d'amis nulle part !... tout nous abandonne... C'est
que chaque souverain, chaque peuple avait un grief
contre celui qui trônait en France dans son immense
vanité, et devant lequel nous nous étions lâchement
applatis.

Enfin, la République reparaît, le peuple se relève,
fait un suprême effort, non couronné de succès, et
malgré nos fautes passées, malgré nos malheurs, les
sympathies, le crédit nous reviennent... C'est
prouvé par la grande souscription... Quarante-
trois milliards offerts à la France ! à la République !... C'est merveilleux ! On commence à nous
aimer : ces bonnes dispositions ne feront que s'ac-
croître... Mais soyons sages et sans ostentation.

Qu'il nous vienne une Assemblée républicaine
démocratique, mais intelligente, savante, modérée,
possédant à un haut degré le sentiment politique,

philosophique ; capable de nous donner une bonne constitution, de bonnes lois, et la France se relèvera, s'instruira, s'organisera dans sa force et sa beauté. Elle aura partout des ambassadeurs, des chargés d'affaires, des consuls, de sages diplomates ; nous commercerons, nous ferons échange de produits, de bons procédés avec toutes les nations. Nous visiterons les étrangers, qui nous feront visites à leur tour ; nous respecterons toutes les formes de gouvernement ; nous vivrons chez nous, pour nous, nous gouvernant dignement, grandement, en liberté, en fraternité, et le progrès s'étendra sans fin et sans limites. L'empire nous avait fait nains, la République nous fera géants. Les sympathies se correspondront d'un bout du monde à l'autre. Six ans de cette existence, et les peuples penseront à nous, et notre exemple leur aura déjà profité... Qui sait ce que deviendra l'Europe alors ? Qui sait si l'Alsace, si la Lorraine, ne nous seront pas rendues sans combat, sans verser une goute de sang, au milieu de la paix, de l'allégresse générale ?

Oui, la République en France peut inquiéter quelques souverains, et cependant, si nous vivons chez nous, pour nous, dans le calme, dans la modération, sans blesser personne, sans montrer de la malveillance envers qui que ce soit, sans donner aucun prétexte à la lutte, pourquoi ne respecterait-on pas notre indépendance, notre liberté, notre droit de vivre et de nous gouverner suivant notre esprit et nos mœurs ?

Mais si nous avions une Assemblée peu sage, tapageuse, troublant le pays, criant à tout propos et à tue-tête : A bas ceci ! à bas cela ! République universelle ! apostrophant, provocant les rois, les empereurs, fournissant prétexte à la coalition, à l'agression, il est à croire qu'on ne nous laisserait pas en paix, que l'on ferait tout pour nous écraser, pour nous détruire, et que nous ne serions pas au bout de nos peines.

Je vous signale, cher ami Vigne, les dangers d'un radicalisme poussé à l'extrême. Ne bravons personne ; nous avons assez souffert, et nous ne sommes

pas invulnérables, nous le savons tous; il nous faut
du savoir, de la sagesse dans notre future Assemblée; il nous faut une haute, grande, puissante
politique, faute de quoi tout serait néant.

Evitons les divisions, ne nous disputons pas sur des
mots; allons au fond des choses. D'abord, sachons
si un homme qui prétend nous représenter est républicain, s'il est démocrate, s'il est honnête, s'il est
capable de nous servir sans dévier jamais, si ses
principes, traduits en lois, seraient favorables au
peuple, à la France, à notre avenir; tout est là.

Qu'est-ce que c'est qu'un radical? Qu'est-ce que
c'est qu'un démocrate? Si vous pouvez me dire
quelle est leur différence en fait de principes politiques, au temps où nous sommes et dans notre
France, vous me ferez grandement plaisir.

En Suisse, à Genève du moins, les principes des
radicaux et ceux des démocrates étaient, il y a vingt
ans, parfaitement identiques. Les tempéraments
différaient quelque peu. Deux chefs, deux intérêts
privés, et leur suite! les divisaient; c'était un malheur. En Espagne, il y a des républicains, partisans,
cela va sans dire, de la République, et des radicaux
s'avouant royalistes et soutenant la royauté. Ceux-
ci sont donc moins avancés que ceux-là. Le mot
RADICAL, en voilà la preuve, n'a pas partout la
même signification, et radical n'est pas en tout lieu
semblable à radical, synonyme de radical. Disputons
donc moins sur les mots, attachons-nous aux principes, et tâchons de les faire triompher.

Si nous restions divisés, si les passions l'emportaient sur la raison, s'il y avait un parti radical, et,
à côté, un parti démocrate plus modéré de forme
sans être moins républicain; si chacun de ces partis
faisait sa liste à part, liste exclusive; s'il y avait
deux listes de candidats parmi nous, si nos voix se
divisaient, se perdaient sur un trop grand nombre
de noms pendant que les royalistes resteraient unis,
produisant une seule liste, il pourrait bien se faire que
malheur nous arriverait. Faites en sorte qu'il n'en
soit pas ainsi.

Moins de rigorisme, de disputes de mots, plus de

sagesse ; ne voyons que les principes ; vivons en frères... La République se fonde d'elle-même, sans efforts... Jamais nous n'avions été en si bonne, en si belle situation à ce sujet... Tout y vient, tout y viendra... Mais aidons... Ne troublons pas... Et puis, instruisons-nous, entrons dans la pratique des choses, et sachons gouverner, administrer, quand le jour en sera venu... Bâtissons sur le roc... Laissons du solide à nos successeurs... Servons l'humanité... et l'avenir applaudira.

Cher ami Vigne, vous ne m'avez pas converti, j'espère que je serai plus heureux sur vous et sur d'autres, que l'accord se fera, et que nous nous serrerons tous la main.

Je pense à Langlade, où je ne suis resté qu'une demi-journée, à mon grand regret... Mais j'étais si pressé !...

Mes amitiés à vos braves compatriotes.

Ma famille pense à vous et vous dit bien des choses aimables.

Votre tout dévoué,

Agricol PERDIGUIER.

FIN

TABLE

Au dernier moment, je reçois une lettre de **M. Vigne**; nous voilà presque d'accord.

———

AVIS
DU MÊME AUTEUR :

Le Livre du Compagnonnage, orné de 17 Lithographies,
2 vol. . . . . . . 3 fr. 50; avec figures coloriées. 6 fr.
Ce livre renferme ceci : Notice sur le compagnonnage,
Rencontre de deux frères, Figures de géométrie, Conseil
sur le dessin, Dialogue sur l'Architecture, Raisonnement
sur le trait, Petite Chronologie universelle, divers dialogues
familiers sur la Lecture, sur la Versification, sur le Système
métrique, sur l'Astronomie, sur la Morale et la Religion.
Le présent, le passé, l'avenir du Compagnonnage. Ce livre
de fraternité a fait naître la paix parmi les Compagnons.
**Question vitale sur le Compagnonnage et la Classe
ouvrière.** 1 vol. . . . . 1 fr.
C'est le complément du livre qui précède, dépouillé de
toute fable. Ce livre a fortement agi sur le cœur et l'esprit
des Compagnons.
Les Gavots et les Devoirants. . . . . 60 cent.
Scènes dialoguées, exposition des mœurs, des coutumes
du Compagnonnage, en vue de rapprocher, d'unir, de faire
fraterniser.
La *Réconciliation des Compagnons*, gravure, est tirée de là.
Une Scission dans le Compagnonnage. . . . . 1 fr.
Il ne s'agit là que des Compagnons du Devoir de Liberté.
Maître Adam de Nevers, menuisier-poète. . . 30 cent.
Le Chansonnier du tour de France. . . . 1 fr. 40
Histoire démocratique des Peuples anciens. 7 vol.
1 fr. 25 chaque. . . . . 8 fr. 75
Ce travail est à continuer.
Despotisme et Liberté. Brochure. . . . . 50 cent.
Religion et Fanatisme. Brochure. . . . . 50 cent.
Comment constituer la République. . . . 60 cent.
Patriotisme et modération. . . . . . . 60 cent.
Conseils d'un Ami aux Républicains. . . . 30 cent.
Appel aux Compagnons. . . . . 15 cent.
Discours sur les heures de travail (1848). . 15 cent.
Le Compagnonnage illustré, 4 planches coloriées. Cha-
cune 2 fr. 50. Ensemble. . . . . 10 fr.
La Réconciliation des Compagnons, coloriée. . 5 fr.
Salomon, fondateur, colorié. . . . . 4 fr.
Maître Jacques, fondateur, colorié. . . . . 4 fr.
Le père Soubise, fondateur, colorié. . . . . 4 fr.

SOUS PRESSE :

La Vérité sur le Pape et les Prêtres. . . . 20 cent.

*Ajouter les frais de poste en plus, pour recevoir FRANCO dans les
départemen, 15 cent. par franc pour les livres, et 25 cent. pour
chaque gravure.*

Paris.— Imp. NOIZETTE, JEANRASSE & C, faub. St-Antoine, 133.

73